JOSEPH KARDINAL RATZINGER
HEINRICH SCHLIER

LOB
DER WEIHNACHT

Herder

Freiburg · Basel · Wien

Umschlagbild: Geburt Christi,
Rheinische Schule um 1340. Louvre, Paris

Alle Rechte vorbehalten – Printed in Germany
© Verlag Herder Freiburg im Breisgau 1982
Herstellung: Freiburger Graphische Betriebe 1982
ISBN 3-451-19701-4

Inhalt

I

Der Stammbaum Jesu

Der Stammbaum, den Matthäus an den Anfang seines Evangeliums gestellt hat (1, 1–17), zeigt Jesus als Menschen, hineinverwoben in eine menschliche Geschichte mit ihren Auf- und Abstiegen, als Frucht eines langen Weges, dessen tiefstes Ziel es war, Christus hervorzubringen. Als Abrahamsstammbaum ist er überdies ein Lehrstück der Treue Gottes: Die Verheißung wird durch alle Umwege hindurch eingelöst. Gott vergißt seine Zusage nicht. Gott schweigt nicht. Er bleibt sich treu und weiß seiner Treue durch alle Verquerungen der Menschen hindurch Weg zu schaffen. Des weiteren ist dies ein Davidsstammbaum: Die Buchstaben, mit denen man im Hebräischen die Zahl vierzehn schreibt, sind die gleichen, die das Wort David ergeben. So ist der Stammbaum ein Christkönigsevangelium, eine Königsfanfare – dieser Verborgene, Gekreuzigte, er ist der wirkliche König, die ganze Struktur der Geschichte geht auf ihn zu.

Ein Stammbaum für die Kirche
aus Juden und Heiden

Aber da ist noch etwas zu beachten: Dieser
Stammbaum nennt auch Frauen, vier Frauen
der jüdischen Geschichte und dann Maria.
Nun war es durchaus Überlieferung, vier
Frauen in der Geschichte Israels als die großen
Stammütter herauszuheben: Sara, Rebekka,
Lea, Rachel. Matthäus aber nennt nicht *diese*
vier, sondern vier andere, vier Frauen, denen
etwas Peinliches anhaftete; Frauen, die die
Reinheit eines Stammbaums stören und als
Makel in der Geschichte Israels galten; vier
Frauen, die daher gern dem Verschweigen
überlassen wurden.

So hat man gesagt, hier mache Matthäus in
seinem Stammbaum deutlich, was er zu einem
stillen Leitfaden seines ganzen Evangeliums
machen wollte: Letzte werden Erste sein. Die
Maßstäbe der Menschen werden umgekehrt
bei Gott. Was schwach ist, das hat Gott er-
wählt. Ja, da es sich durchweg um sündige
Frauen handle, werde mit ihrer Nennung der
Stammbaum zu einem Stammbaum der
Gnade, die sich des Sünders annimmt und die
auf der Vergebung aufbaut, nicht auf mensch-
licher Größe und Leistung[1].

Das alles ist richtig, aber der zentrale Gesichtspunkt, auf den es Matthäus ankam, scheint mir damit noch nicht gefaßt. Denn zunächst wird man bei näherem Hinsehen feststellen, daß die Sünde, die hier im Spiel war, jeweils eine Sünde der Männer gewesen ist, nicht der Frauen. Das Besondere an diesen Frauen aber liegt darin, daß sie Nichtjüdinnen waren und daß gerade sie, die heidnischen Frauen, an den entscheidenden Wendepunkten der Geschichte Israels erscheinen, so daß sie mit Recht als die eigentlichen Stammütter des Königtums in Israel gelten dürfen.

Da ist Rahab, die Hure, die den Kundschaftern Israels den Weg nach Jericho öffnet und so überhaupt die Tür ins Heilige Land hinein aufgeschlossen hat. Sie tut es, weil sie dem Gott dieser Fremden glaubt, und so gilt sie im Neuen Testament sowohl als die Mutter des Glaubens wie als die Mutter der guten Werke (Hebr 11,31; Jak 2,25). In der alten Kirche erscheint sie, die schmutzige Hure, deren Haus doch zur Heimstatt Israels und Weg zur Inbesitznahme des verheißenen Landes wurde, als Typus der Kirche der Heiden: Sie bildet die Kirche ab, die sich aus dem Schmutz des Heidentums sammelte und die doch in ihrer Sehnsucht nach Heil den Kundschaftern Got-

Doch aus dem Baumstumpf Isais wächst ein Reis hervor, ein junger Trieb aus seinen Wurzeln bringt Frucht.   Jesaja 11, 1

Wurzel Jesse. Miniatur, frühes 13. Jahrhundert. Aus einem Psalterium.

tes, den Aposteln, die in Israel keine Bleibe
fanden, die Tür auftat und so die Welt zum
heiligen Land des Glaubens werden ließ – die
schmutzige Gaststätte zum heiligen Haus der
Gemeinschaft mit Jesus Christus.

Rut war Heidin, die durch Hochzeit mit einem
Juden verbunden, aber nach dessen Tod frei
war, zurückzukehren. Und doch, gerade im
Elend Israels und in der Not ihrer Schwieger-
mutter blieb sie, weil für sie das Wort ihrer
Vermählung bleibende Prägung ihres Lebens
geworden war: dein Gott soll mein Gott sein.
Sie hatte sich dem Gott Israels angeschlossen,
sie, die Heidin, und so wurde sie zur eigentlichen Stammutter der davidischen Dynastie.

Batseba, die Frau des Urias, war wohl Hethite-
rin) wie dieser. Auch sie nimmt mit dem Ja zu
David seinen Gott an und wird so zur Mutter
Salomons, in dem das Matthäusevangelium
immer wieder das Urbild Jesu Christi zeigt.

Durch Tamar endlich, die sich von Juda das ihr
verweigerte Recht auf Nachkommenschaft er-
zwingt, kommt überhaupt das Königtum an
Juda und wird so die Verheißung des Jakobse-
gens erfüllt: Es wird der kommen, dem der
Herrscherstab gehört, dem der Gehorsam der
Völker gebührt (Gen 49,10).

Das bedeutet: Dieser Stammbaum, der für das

erste Zusehen ein reiner Abrahams- und Davidsstammbaum ist, ist durch die vier Frauen ein Stammbaum für die Kirche aus Juden und Heiden. Er verweist auf das Kommende, die Kirche der Völker. Ja, man könnte sagen: Diese vier Frauen schieben bei ihm die ganze hochwichtige Geschichte der Männer beiseite; sie sind die eigentlichen Gelenke des Stammbaums, der damit aus einem Stammbaum angeblicher männlicher Taten zu einem Stammbaum des Glaubens und der Gnade wird – auf dem Glauben dieser Frauen ruht das Eigentliche dieser Geschichte, der Fortgang der Verheißung.

Damit wird nun bei allen Gegensätzen der innere Zusammenhang mit der fünften Frau sichtbar, auf die alles zugeht: mit Maria.

Hier, an diesem entscheidenden letzten Punkt, wird vollends die Relativierung, die letzte Unwichtigkeit der ganzen Männergeschichte sichtbar. Vorher sind die einzelnen Namen jeweils miteinander verbunden durch das Wort „zeugte" (was leider die neue Übersetzung unbegreiflicherweise glaubte umschreiben zu müssen). Am Schluß aber ist nicht mehr von „zeugen" die Rede, sondern es heißt: Jakob zeugte den Joseph, den Mann Marias, aus der geboren wurde Jesus, der Christus. Joseph zeugte Jesus nicht, er war nur der Mann Marias. Allein über die Brücke dieser rechtlichen Zugehörigkeit, nicht auf dem Weg der biologischen Verknüpfung gehört Jesus diesem Stammbaum zu, gehört der Stammbaum ihm. Er ist sein rechtlicher, rechtmäßiger Eigentümer – für Israel war immer die rechtliche, nicht die biologische Herkunft das Entscheidende, das Reale. Über die Brücke dieses Rechtes ist das Alte Testament sein.

Ein neuer Anfang durch das Ja Marias

Aber zugleich ist ein neuer Anfang gesetzt und dieser wahre Anfang, auf den letztlich alles ankommt, geschieht durch den Glauben – durch Marias Ja. Dieser wahre Anfang ist in dem vorgebildet und vorgegeben, was immer wieder zum wirksamen Anfang in Israel wurde: der Glaube der Mütter, der Glaube der Fremden.

Damit öffnet der Evangelist dieses Ganze, uns scheinbar so Fernliegende für uns: Dieser Anfang kann immer gegenwärtig sein. Durch ihn ist immerfort Verwandtschaft mit Jesus, Einheit mit ihm möglich. Das Fiat Marias ist der Raum, in den wir jederzeit eintreten können, in den hinein uns dieses Evangelium lädt: Dort geschieht Anfang; dort berühren wir die Menschwerdung des Herrn, von der uns das Evangelium spricht; dort gehen wir aber auch auf die Erfüllung der Bitte zu, in die das Kirchengebet des heutigen Tages das Evangelium münden läßt, die Bitte nämlich, daß wir Menschen mit Christus und in Christus am Leben Gottes beteiligt werden[2].

Wenn wir in diesen Punkt eintreten, dann gehört uns mit Christus das ganze Alte Testament; dann stehen wir in jenem „heiligen Tausch" zwischen Gott und Mensch, zwischen Mensch und Mensch, in dem allen alles gehört – in der „Gemeinschaft der Heiligen". Das Evangelium ruft uns in die Tür des Fiat – dies ist seine Einladung, die Hand der Gnade, die der Herr uns in dieser adventlichen Stunde entgegenhält. Amen.

II

Der Baum des Lebens

Vor einigen Jahren hatte ich das Glück, den wohl ältesten uns erhalten gebliebenen Christbaum der Welt zu sehen, der so etwas wie das Hochaltarbild der Kirche zu Christkindl bei Steyr ist. Die Geschichte des Baumes führt zurück in das Jahr 1694. Damals hatte Steyr einen neuen Türmer und Chorregenten erhalten, der an Epilepsie litt, an der „hinfallenden Krankheit", wie es die Chronik treuherzig ausdrückt. In Melk, von wo er kam, hatte er die Verehrung des Jesuskindes gelernt. Nun stellte er in die Höhlung einer Tanne von mittlerer Größe ein Bild der heiligen Familie und hielt dort seine Andacht, von der er sich gestärkt und getröstet fühlte. Dann erfuhr er von einem Bild des Christkinds, das einer gelähmten Nonne Heilung gebracht hatte. Er erhielt schließlich eine getreue Nachbildung davon: ein wächsernes Jesuskind, das in der einen Hand das Kreuz, in der anderen die Dornenkrone trägt. Jetzt brachte er dieses zu dem Baum, hielt vor ihm seine Andacht und fühlte eine heilende Kraft davon ausgehen.

Der Engel trat bei Maria ein und sagte: „Sei gegrüßt, du Begnadete, der Herr ist mit dir." Sie erschrak über diese Anrede und überlegte, was dieser Gruß zu bedeuten habe. Da sagte der Engel zu ihr: „Fürchte dich nicht, Maria; denn du hast bei Gott Gnade gefunden. Du wirst ein Kind empfangen, einen Sohn wirst du gebären: dem sollst du den Namen Jesus geben."

Lukasevangelium 1, 28–31

Verkündigung Mariä. Altartafelbild von Fra Angelico, um 1433, bekannt als „Pala di Cortona". Cortona, Museo Diocesano.

Allmählich erfuhren die Menschen davon; sie begannen zu dem Christkind im Baum zu pilgern. Gegen das Zögern der kirchlichen Obrigkeit zu Passau setzten sie es durch, um diesen Baum herum ein Kirchlein zu bauen. So wurde 1708 der Grundstein gelegt zu der Christkindlkirche, die nach dem Vorbild von Santa Maria Rotonda zu Rom von den berühmtesten österreichischen Baumeistern der Zeit errichtet wurde. Sie ist gleichsam zur kostbaren Schale geworden für den Baum, aus dem Altar und Tabernakel hervorwachsen: noch immer trägt der Baum auch das kleine wächserne Jesuskind, das von Krone und Strahlen umgeben Verheißung und Hoffnung für die Menschen ist.

Der wiedergefundene Baum des Lebens

Für mich ist diese Begegnung nicht nur Auslegung eines unserer schönen Weihnachtsbräuche geworden, sondern von ihm her Zugang zur Mitte des weihnachtlichen Geheimnisses selbst. Dieser Baum steht ja nun da als der wiedergefundene Baum des Lebens aus dem Paradies – „der Cherub steht nicht mehr dafür". Dieser Baum ist Maria mit der gebene-

deiten Frucht ihres Leibes: Jesus. Jesus aber ist
da als Kind, unbewehrt, einladend, „Emma-
nuel", Gott zum Anfassen, zum Du-sagen. Er
lädt uns zu sich ein, uns, die wir in einem sehr
tiefen Sinn doch alle unter der „hinfallenden
Krankheit" leiden. Immer wieder sind wir un-
fähig, inwendig aufrecht zu gehen und zu stehen. Immer wieder fallen wir hin, sind nicht
Herr über uns selbst, entfremdet und unfrei.
Die Rotunde des Baues unterstreicht diese
Aussage noch. Das kreisförmige Achteck ist
die klassische Form der Taufkirche, die wie-
derum an uralte religionsgeschichtliche Über-
lieferungen anknüpft: an die Höhle und den
Rundbau, die den Mutterleib – das Geheimnis
der Geburt andeuten. So verweist der Bau er-
neut auf Maria, auf die Kirche, auf unsere
Taufe und Wiedergeburt. Er legt uns aus, was
es heißt, daß Gott ein Kind geworden ist. Er
legt uns aus, was das Wort Jesu an Nikodemus
bedeutet: wenn du nicht wiedergeboren wirst
aus Wasser und heiligem Geist, kannst du in
das Himmelreich nicht eingehen. Hierher gehört auch das andere Wort Jesu: Wenn ihr
nicht werdet wie die Kleinen, könnt ihr in das
Himmelreich nicht eingehen.

Karl Marx sagt einmal dem Sinne nach: Du
bist nicht selbständig, solange du dich der

Gnade eines anderen verdankst[1]. Solange du nicht selbständig bist, bist du nicht frei, sondern abhängig. Wie einleuchtend! Aber wenn man näher zusieht, dann bedeutet dies doch, daß die Liebe zur Unfreiheit erklärt wird, weil sie einschließt, daß ich des anderen bedarf und seiner Gnade.

Diese Idee von Freiheit versteht die Liebe als Knechtschaft und sie hat die Zerstörung der Liebe zur Voraussetzung. Darin ist sie ein Angriff auf die Wahrheit des Menschseins, das von der Liebe lebt. Und sie ist ein Angriff auf Gott, dessen Bild der Mensch eben dadurch ist, daß er der Liebe bedarf. Denn auch Gott wollte nicht unabhängig sein von der Liebe: Der Sohn existiert nur vom Vater her und der Geist nur von beiden und der Vater nur zu beiden: Nur in dieser Abhängigkeit voneinander, als Dreieiniger, ist er Gott. Das kann nicht anders sein, wenn Gott die Liebe ist.

Die Frucht vom Baum des Lebens

Auf diese Urwahrheit des Menschseins weist uns das Kind Jesus hin: Wir müssen wiedergeboren werden. Wir müssen angenommen werden und uns annehmen lassen. Wir müssen unsere Abhängigkeit in Liebe verwandeln lassen und darin frei werden. Wir müssen wiedergeboren werden, den Stolz ablegen, Kind werden: im Kind Jesus die Frucht des Lebens erkennen und empfangen. Dazu will Weihnachten uns führen; das ist die Wahrheit des Kindes, der Frucht vom Baum des Lebens.

Der Baum zu Christkindl, der uns dies sagt, ist zugleich Monstranz: Hervortreten dessen, der Brot des Lebens ist; Sichtbarwerden des Heils. Und er ist Kreuz und konnte so zum Altar werden. Das Kind trägt Kreuz und Dornenkrone in den Händen, die Zeichen der Liebe, die den Baum ins Kreuz, das Kreuz aber in den Tisch des ewigen Lebens verwandelt.

Der wahre Lebensbaum ist nicht fern von uns, irgendwo in einer verlorenen Welt. Er ist in unserer Mitte aufgestellt – nicht nur als Bild und Zeichen, sondern in Wirklichkeit. Jesus, der die Frucht des Lebensbaumes, das Leben selber ist, ist so klein geworden, daß unsere Hände ihn umschließen können. Er macht sich abhängig von uns, um uns frei zu machen, uns aufzurichten von unserer hinfallenden Krankheit. Enttäuschen wir sein Vertrauen nicht. Geben wir uns in seine Hände, wie er sich in die unseren gegeben hat. Amen.

III

Der neue Stern

Als am 16. November 1231 die heilige Elisabeth von Thüringen im Sterben lag, verbrachte sie ihre letzten Stunden damit, aus dem Leben Jesu zu erzählen, wie sie es in der Bibel und der Verkündigung der Kirche sehen und verstehen gelernt hatte. Gegen Mitternacht bat sie die Umstehenden, ganz stille zu werden. Sie sagte: „Laßt uns über den Heiland sprechen und über das Christkind, denn Mitternacht ist nahe, als das holde Jesuskind geboren wurde."[1] In der Stunde ihres Sterbens tritt sie in die Stille der heiligen Nacht ein. In der Nacht ihres Sterbens geht sie hinein in die Nacht des Lichtes.

Man kann daraus lernen, wie tief sie die Worte und die Wirklichkeiten des Glaubens in sich hineingetrunken hatte, so daß sie nun ihre Seele und Sinne ganz ausfüllten. Man kann daraus lernen, wie sehr sie den Rhythmus ihrer Zeit von der Geschichte des Glaubens hatte durchprägen lassen: Die Stunden der Zeit waren für sie nicht mehr Phasen im Ablauf der Gestirne, sondern Stun-

Sie gebar ihren Sohn, den Erstgeborenen, wickelte ihn in Windeln und legte ihn in eine Krippe, weil in der Herberge kein Platz für sie war.

Lukasevangelium 2,7

Geburt Christi. Tafelbild von Hans Baldung Grien, 1520. München, Alte Pinakothek.

den, die erzählen von der Geschichte der
Liebe Gottes mit uns.

Stille, Raum der Gottesgeburt

Die heilige Elisabeth bat die Menschen, ganz
stille zu werden angesichts der Geburt des
Kindes. Das könnte zunächst fast spielerisch
erscheinen: das Kindlein will schlafen, man
darf es nicht stören dabei. Aber dieses scheinbar Spielerische ist in Wirklichkeit Ausdruck
einer Ehrfurcht, die allein den Weg zum Geheimnis öffnet. Die Stille ist der Raum dieses
Kindes. Die Stille ist der Raum der Gottesgeburt. Nur wenn wir selbst in den Raum der
Stille eintreten, kommen wir dorthin, wo Gottesgeburt ist.

So klingt in dieser Aufforderung einer der Ur-
sätze der weihnachtlichen Liturgie durch, der
später so viele Lieder inspiriert hat, das Wort
aus dem Buch der Weisheit: „Als tiefes
Schweigen das All umfangen hielt und die
Nacht auf ihrem Weg die Mitte erreicht hatte,
da kam, o Gott, dein allmächtiges Wort vom
Himmel, von seinem Königsthron herab"
(Sap. 18,14 f).

Aus jenem Wort hatte schon Ignatius von Antiochien zu Beginn des 2. christlichen Jahrhunderts geschöpft, wenn er von drei laut rufenden Geheimnissen spricht, die dem Fürsten dieser Welt verborgen bleiben, weil sie in der Stille Gottes geschehen sind (Eph. 19,1).

In der Stille hören lernen

Weihnachten ruft uns in diese Stille Gottes hinein, und sein Geheimnis bleibt so vielen verborgen, weil sie die Stille nicht finden können, in der Gott handelt. Wie finden wir sie? Das bloße Schweigen allein schafft sie noch nicht. Denn es kann ja ein Mensch äußerlich schweigen, und doch ist er von der Unrast der Dinge völlig zerrissen. Es kann einer schweigen und doch ist es unheimlich laut in ihm. Stillewerden bedeutet eine neue innere Ordnung finden. Es bedeutet, nicht bloß auf die Dinge bedacht zu sein, die man darstellen und vorzeigen kann. Es bedeutet, nicht bloß auf das hinzuschauen, was unter den Menschen gilt und einen Verkehrswert unter ihnen hat. Stille bedeutet, die inneren Sinne zu entwickeln, den Sinn des Gewissens, den Sinn für das Ewige in uns, die Hörfähigkeit für Gott.

Von den Dinosauriern wird gesagt, sie seien ausgestorben, weil sie sich falsch entwickelt hatten: viel Panzer und wenig Hirn, viel Muskeln und wenig Verstand. Sind wir nicht auch dabei uns falsch zu entwickeln: viel Technik, aber wenig Seele? Ein dicker Panzer materiellen Könnens, aber ein leergewordenes Herz? Ein Erlöschen der Fähigkeit, die Stimme Gottes in uns wahrzunehmen, das Gute, das Schöne und das Wahre zu erkennen und anzuerkennen?

Auf Gott hin offen bleiben

„Laßt uns stille werden, laßt uns über den Heiland sprechen, denn Mitternacht ist nahe." Ist es nicht höchste Zeit, dieser Aufforderung der heiligen Elisabeth zu folgen? Ist es nicht höchste Zeit zu einer Kurskorrektur unserer „Evolution"?

Diese Kurskorrektur kann nicht in einer törichten Absage an die menschliche Arbeit und an die Bebauung der Erde bestehen. Sie muß jedoch darin bestehen, daß die sittliche und religiöse Vernunft wieder ihren Raum im Menschen gewinnt. Die Stille, die der Glaube verlangt, besteht darin, daß der Mensch vom

System der wirtschaftlich-technischen Zivilisation nicht voll aufgesogen und funktionalisiert wird. Wir müssen wieder einsehen lernen, daß es zwischen Wissenschaft und Aberglaube noch etwas in der Mitte gibt – jene tiefere sittliche und religiöse Einsicht, die allein den Aberglauben bannt und den Menschen menschlich macht, indem sie ihn im Licht Gottes hält.

Weihnachten sollte uns helfen, zu dieser Kurskorrektur zu finden und damit einander und der Welt den Dienst zu erweisen, den sie am allernötigsten braucht. Denn die tiefste Bedrängnis der Menschen von heute rührt nicht aus der Krise unserer materiellen Reserven, sondern sie rührt davon her, daß uns die Fenster für Gott zugemauert werden und daß wir damit die Atemluft des Herzens, den Kern der menschlichen Freiheit und Würde zu verlieren in Gefahr stehen.

Licht empfangen und Licht geben

Kehren wir zur heiligen Elisabeth zurück. Ihre letzten Worte lauteten: „Da erschuf er einen neuen Stern, der nie vorher erschienen war."[2] Mit dem Blick auf den Stern ist sie hinüberge-

gangen. Der Stern, dem sie in ihrem Leben ge-
folgt war, leuchtete ihr auch in ihrer letzten
Stunde, auf ihrem letzten Weg, der ihr so ein
Weg ins Licht wurde.

Der Stern der heiligen Nacht – das ist zunächst
der menschgewordene Sohn selber. Er ist das
Licht, das den Weg durch die Straßen der Geschichte zeigt. Er zerbricht den Aberglauben,
der umso üppiger blüht, je mehr der Glaube
zerfällt. Er zeigt das Lächerliche der Sterndeu-
terei, die den Menschen in den Zwang des
ewigen Kreislaufs einschließen will, in dem es
nichts Neues, nur die Wiederholung des immer Gleichen gibt.

Die wahren Gestirne des Menschen sind die
Menschen, die ihm den neuen Weg seines
Herzens und seiner Berufung zeigen. Christus
ist der Stern, der uns aufgegangen ist und der
uns im Glauben selbst das Licht anzündet, das
dann auch Menschen zu Sternen macht, die
den Weg zu ihm weisen. Elisabeth ist uns ein
solcher Stern geworden. In solchem Geist be-
tet die Oration der zweiten Weihnachtsmesse:
Laß das in unseren Werken wiederstrahlen,
was durch den Glauben inwendig in uns
leuchtet.

Damit wird Weihnachten ganz praktisch. Auf
den Stern hinschauen bedeutet: Licht empfan-

gen und Licht geben, das empfangene Licht hineinstrahlen lassen in die Welt um uns, damit es anderen Wegweisung wird. Der Gelegenheiten gibt es genug: Nicht nur Adveniat ruft uns; wer erst einmal wach geworden ist dem Herzen nach, der sieht um sich herum so viele, die auf ein Licht warten. Lassen wir uns nicht vergeblich rufen. Amen.

IV

„Das Licht
leuchtet in der Finsternis"

Das erste Weihnachtslied der Geschichte, mit dem für alle Zeiten der innere Klang von Weihnachten festgelegt wurde, stammt nicht von Menschen – der heilige Lukas überliefert es uns als das Lied der Engel, die die Evangelisten der heiligen Nacht gewesen sind: Ehre sei Gott in der Höhe und Friede den Menschen auf Erden – den Menschen seiner Huld, den Menschen die guten Willens sind.

Friede, der aus der Ehre Gottes kommt

Dieses Lied setzt einen Maßstab; es hilft uns zu verstehen, worum es an Weihnachten geht. Es enthält ein Stichwort, das gerade in unserer Zeit die Menschen bewegt wie kaum ein anderes: Friede. Das biblische Wort Schalom, das wir so übersetzen, besagt viel mehr als die bloße Abwesenheit von Krieg; es besagt den rechten Zustand der menschlichen Dinge, das Heil – eine Welt, in der Vertrauen und Brüderlichkeit walten, in der es nicht Angst noch

Mangel noch Hinterlist und Verlogenheit gibt. Friede auf Erden – das ist das Ziel von Weihnacht. Aber das Lied der Engel setzt dem ein erstes voraus, ohne das auf Dauer Friede nicht sein kann: die Ehre Gottes. Das ist die Friedenslehre von Betlehem: Friede der Menschen kommt aus der Ehre Gottes. Wem es um die Menschen und um ihr Heil zu tun ist, der muß zu allererst um die Ehre Gottes besorgt sein. Ehre Gottes ist nicht eine Privatsache, mit der es jeder nach Belieben halten kann, sondern eine öffentliche Angelegenheit. Sie ist ein gemeinsames Gut und wo Gott unter den Menschen nicht in Ehren steht, da kann auch der Mensch nicht in Ehren bleiben. Weihnachten hat *deshalb* mit dem Frieden der Menschen zu tun, weil Gottes Ehre darin unter den Menschen neu hergestellt wurde.

Die neue Zeit der Freiheit

Das ist übrigens von Anfang an schon durch das Datum dieses Tages sichtbar geworden. Der 25. Dezember war und ist im jüdischen Kalender das Chanukka-Fest, das Fest der Lichter. Es erinnert daran, daß an diesem Tag im Jahr 165 vor Christus Judas Makkabäus aus dem Tempel zu Jerusalem den Zeusaltar entfernte, den die Überlieferung als „Greuel der Verwüstung an heiliger Stätte" bezeichnete. Am selben Datum hatte der syrische König Antiochus, der sich als Zeus verehren ließ, das Götzenbild im Tempel aufgestellt; er hatte diesen Tag zu seinem Festtag machen lassen. Nun war es der Tag der Reinigung des Tempels geworden, der Tag, an dem Gottes zertretene Ehre wiederhergestellt und die rechte Verherrlichung Gottes neu begonnen wurde. Von diesem Tag an datierte Israel seine Wiedergeburt; es war wiederhergestellt in dem Augenblick, in dem es seinem Gott wieder auf die ihm angemessene Weise dienen konnte.

Da die Woche vom 25.–31. Dezember zugleich die Woche vor dem Neujahr war, erhielt die Wiederherstellung noch tiefere Bedeutung: Sie war Darstellung für den Neubeginn der Schöpfung, für die nun erhoffte neue Zeit der Freiheit. Deshalb wurde schon um das Jahr 100 vor Christus die Geburt des Messiaskindes an diesem Tag erwartet – denn vom Messias erhoffte man, daß er die Menschen lehren werde, wie man Gott recht ehren könne, und daß er so die neue Zeit der Freiheit heraufführe. Schon zur Zeit Jesu beging man dieses Fest als Fest der Lichter gemäß dem

Die Hirten sagten zueinander: „Kommt, wir gehen nach Betlehem, um dieses Ereignis zu sehen, das uns der Herr kundgetan hat." So eilten sie hin und fanden Maria und Josef und in der Krippe das Kind.

Lukasevangelium 2, 15 f

Anbetung der Hirten. Gemälde von Rembrandt, 1646. München, Alte Pinakothek.

Wort des Propheten: „Das Volk, das im Finstern wandelt, schaut ein großes Licht" (Jes. 9,1)[1].

Lukas hat in seiner Kindheitsgeschichte eine Chronologie von tiefer symbolischer Bedeutung ausgebreitet, durch deren Datierungen er die Geburt Jesu eben in das Chanukka-Fest, in die Nacht der Lichter hineinlegt, die so zum christlichen Weihnachtsfest geworden ist[2]. Er will damit nur noch einmal auslegen, was der Gesang der Engel bedeutet: Was Judas Makkabäus bloß unzulänglich vermochte, hat Christus in seiner Geburt wirklich getan. Er hat die Götzenbilder aus der Welt fortgenommen. Er hat den Tempel seines Leibes aufgebaut. Er hat die Ehre Gottes wiederhergestellt.

All die Schrecklichkeiten der Weltgeschichte scheinen ja eine einzige Anklage gegen Gott zu sein. Aber in dem Augenblick, in dem Gott als Kind wehrlos mit der einzigen Macht seiner Liebe vor uns hintritt, sind alle die furchtbaren Gottesbilder als Götzenbilder widerlegt. Das Menschsein des Sohnes ist die Ehre des Vaters. In der Krippe und im Kreuz ist Gottes Ehre inmitten dieser Welt aufgerichtet. Wo immer Menschen diesem Gott folgen, beginnt auch eine neue Menschlichkeit und es beginnt, wenn auch noch so bruchstückhaft, Friede auf Erden.

Das Chanukka-Fest war ein Tag der Kultreform und von da ein Fest der Lichter. Die Geburt Jesu ist die wahre Kultreform und all unser Reformieren muß im letzten darauf zielen, dieser Reform, diesem wahren Neubeginn zu entsprechen. Es muß unsere Sorge sein, daß Gott in unserem Menschsein und daß er in unserem Land in Ehren steht. Wieviel Greuel der Verwüstung gibt es auch bei uns! In den Götzenbildern der Pornographie, in der Schändung des Menschen durch die Gewalt wird mit dem Menschen auch Gott entehrt. Er wird entehrt in der Gottvergessenheit, die die schlimmste Form der Gedankenlosigkeit ist.

Menschen des Friedens

Aber wir müssen auch positiv fragen: Wie kann Gott verherrlicht und wie kann so dem Frieden gedient werden? Der biblische Bericht stellt dies anhand der Menschen dar, die zur Krippe gerufen wurden. Sie alle sind je auf ihre Weise betende, wartende Menschen, Gerechte, dem Tempel verbunden.

Da ist Maria, die von Lukas als das Inbild des kontemplativen Menschen gezeichnet wird.

Da ist Josef, den Matthäus den Gerechten nennt – aber nicht in einer bloß legalistischen, sich selbst durchsetzenden Gerechtigkeit, sondern aufgrund einer Gerechtigkeit, die von innen her hören und sehen kann. Da sind die Hirten in der Einfachheit ihres Herzens; da sind die Weisen, die auf der Suche sind nach dem wahren Herrn der Erde; da sind Simeon und Anna, die ihr Leben an den Tempel gebunden haben. Sie alle sind Menschen, in deren Leben Gott eine entscheidende Rolle spielt, und darum auch sind sie Menschen des Friedens.

Was sollen wir dir bringen?

Aber noch etwas gehört zum Bild von Weihnachten: das Schenken. Unsere Krippenspiele malen es breit aus, wie die Hirten überlegen, was sie mitbringen können; sie schöpfen dabei mitten aus dem Alltag der Menschen unserer Heimat.

Ein liturgischer Hymnus der Ostkirche widmet sich demselben Thema, aber er gibt ihm eine größere Tiefe. Er sagt: „Was sollen wir dir bringen, Christus, da du für uns als Mensch auf Erden geboren wirst? Jedes der Geschöpfe, die dein Werk sind, bringt dir in der Tat sein

Zeugnis der Dankbarkeit: die Engel ihre Liebe; der Himmel den Stern, die Weisen ihre Gaben; die Hirten ihr Staunen; die Erde ihre Höhle; die Wüste die Krippe. Wir Menschen aber bringen dir eine Jungfrau und Mutter."[3]

Maria ist das Geschenk der Menschen an Christus – das besagt aber zugleich: Vom Menschen will der Herr nicht etwas, sondern ihn selbst. Gott will von uns nicht Prozente, sondern unser Herz, unser Sein. Er will unseren Glauben und aus dem Glauben das Leben, sodann aus dem Leben jene Gaben, von denen im letzten Gericht die Rede sein wird: Nahrung und Kleidung für die Armen, das Mitleiden und Mitlieben, das tröstende Wort und das tröstende Dabeisein für die Verfolgten, die Eingekerkerten, die Verlassenen und Verlorenen.

Was sollen wir dir bringen, o Christus? Wir bringen ihm sicher zu wenig, wenn wir nur untereinander teure Geschenke austauschen, die gar nicht mehr Ausdruck unseres Selbst und seiner sonst verschwiegenen Dankbarkeit sind. Versuchen wir, ihm den Glauben zu bringen, uns selbst und wenn es nur wäre in der Form: ich glaube, Herr, hilf meinem Unglauben! Und vergessen wir an diesem Tag nicht die vielen, in denen er auf Erden leidet.

Ein Drama, das immer wiederkehrt

Die ostkirchliche Weihnachtsikone hat ihre Gestalt im wesentlichen bereits im 4. Jahrhundert erhalten und darin das ganze Weihnachtsgeheimnis eingefangen[4]. Sie stellt den tiefen Zusammenhang von Weihnachten und Ostern dar, von Krippe und Kreuz, den Zusammenklang von Altem und Neuem Testament, das Zusammen von Himmel und Erde im Gesang der Engel und im Dienst der Hirten. Jede Gestalt hat auf ihr ihre tiefe hintergründige Bedeutung.

Ganz eigentümlich ist dort die Funktion, die dem heiligen Josef zugewiesen wird. Er sitzt abseits, in tiefes Nachdenken versunken. Vor ihm steht, als Hirte verkleidet, der Versucher und er redet ihn nach den Texten der Liturgie also an: „So wie dein Stock keine Blätter tragen kann, so wie ein alter Mann nicht mehr Vater werden kann, so kann die Jungfrau nicht gebären."[5] Die Liturgie fügt hinzu: In seinem Herzen tobte ein Sturm widersprüchlicher Gedanken, er war verwirrt, aber erleuchtet durch den heiligen Geist singt er: Alleluja. In der Gestalt des heiligen Josef stellt so die Ikone ein Drama dar, das immer wiederkehrt – unser Drama.

Es ist immer wieder das Gleiche. Immer wieder sagt uns der Versucher: Es gibt nur die sichtbare Welt und es gibt keine Menschwerdung Gottes und es gibt keine Geburt aus der Jungfrau. Dies ist die Absage daran, daß Gott uns kennt, daß er uns liebt, daß er fähig ist, in dieser Welt zu wirken. So ist es im tiefsten die Absage an die Ehre Gottes. Es ist die Versuchung unserer Zeit, die mit so vielen gescheiten und scheinbar ganz neuen Gründen auftritt, daß sie unwiderstehlich scheint. Und doch ist es die immer alte Versuchung.

Bitten wir den gütigen Gott, daß er auch in unsere Herzen das Licht des heiligen Geistes sendet. Bitten wir, daß er auch uns schenkt aus der Verbohrtheit unseres Sinnens herauszutreten, sein Licht voll Freuden zu sehen und zu singen: Alleluja – Christus ist wahrhaft geboren, Gott ist Mensch geworden. Bitten wir ihn, daß auch in uns das Wort der östlichen Liturgie wahr werde: „Wir bringen dir eine Jungfrau-Mutter. Wir bringen dir auch uns, mehr als ein Geldgeschenk: den Reichtum des wahren Glaubens, dir dem Gott und Retter unserer Seelen." Amen.

V

Lob der Hirten

Von Heinrich Schlier

Nur wenig werden die Hirten gelobt. Wer sollte auch Menschen loben, wenn Engel zu uns herabkommen und Himmel und Erde mit Gottes Lob erfüllen? Und doch dürfen wir auch die Hirten loben. Denn das Evangelium vergißt ihrer nicht, und die Kirche feiert das „Hirtenamt" in der Morgendämmerung des Weihnachtsfestes.

Da können wir sie sehen als die ersten aus dem großen, langen Zuge derer, die zur Krippe aufgebrochen sind und noch aufbrechen werden bis zum Ende der Tage. Und da können wir uns daran erinnern, daß dieses große Heer, das niemand zählen kann, in dem Apostel und Heilige, Martyrer und Bischöfe, Bekenner und Lehrer und zahllose Gläubige schreiten, angeführt wird von ein paar Hirten aus Bethlehem.

Unruhig geworden durch des Boten Wort

Der Messias war geboren. Die frohe Botschaft war verkündet. Das Kind liegt in der Krippe. Die Engel sind gegen Himmel gefahren. Die Stille der Nacht breitete sich wieder über das Land. Die Erde schlief, als wäre nichts geschehen. Nur an einer einzigen Stelle war man im Aufbruch, dort bei den Hirten auf dem Feld von Bethlehem. Dort war man in einer seltsamen Unruhe, einer Unruhe, die sich mit nichts vergleichen läßt, die später noch viele befallen, viele Formen annehmen wird und die sich hier bei den Hirten darin äußert, daß sie zueinander sagen: „Kommt, laßt uns hinübergehen nach Bethlehem und sehen, was da geschehen ist und der Herr uns kundgetan hat!"

Diese Unruhe, an der einzigen Stelle der Welt dort in den Tälern und Hügeln Judas, war also hervorgerufen durch das Wort des Herrn. Seine Macht und Freude hatten aus dem Glanze seiner Nähe einige Herzen getroffen, und diese haben es bewahrt und haben sich ihm nicht entzogen. Sie haben sich ihm aufgetan und haben es in Furcht und Zittern gehört, haben in einem seine Zusage und seine Weisung vernommen, haben sie angenommen, und das drängt sie nun aufzubrechen.

Der Engel des Herrn hatte sie gar nicht aus-
drücklich aufgefordert, das Kind in Bethlehem
aufzusuchen. Aber das „*Heute* ist *euch* der Heiland geboren" bezogen sie auch und sogleich
auf sich und verstanden auch, daß der Engel
nicht ohne Absicht zu ihnen von dem Zeichen
sprach, an dem der Weltretter erkannt werden
kann, von dem Kind in der Krippe. Sie ließen
Gott nicht einfach Gott sein. Sie wußten, es
geht uns an, wenn Gott das Seine tut. Sie leg-
ten sich jetzt nicht zum Schlafe hin. Sie blie-
ben freilich auch nicht nur auf, um darüber zu
reden. Als sie von Bethlehem zurückkamen,
da haben sie wahrscheinlich noch oft von dieser Nacht gesprochen.

Aber jetzt drängte sie das Wort zur Krippe
hin. Sie schickten auch nicht nur einen Hirten-
buben zur Erkundung aus. Sie wußten, hier
geht es um etwas, was sie alle und jeden ein-
zeln, was jung und alt betrifft, von dem man
sich nicht dispensieren kann, indem man
einen aus der Familie schickt. Und sie wußten,
hier kommt es auf das Sehen an. Sie glaubten
der Botschaft des Engels, daß dort eine große
Freude auf sie und alles Volk in Bethlehem
warte.

Aber sie wollten sie auch sehen. Sie hatten ja
gehört, wie der Engel selbst sie zum Sehen

Als sie das Kind und Maria, seine Mutter, erblickten, fielen sie nieder und huldigten ihm.

Mattäusevangelium 2,11

Anbetung der Könige. Tafelbild von Albrecht Dürer, 1504. Florenz, Galleria degli Uffizi.

einlud. Und wenn da bei ihnen irgendwelche Neugierde oder auch Mißtrauen mitspielten, so war es die heilsame Neugierde des Glaubens und das gute Mißtrauen gegen sich selbst und gegen eine fromme Genügsamkeit, die sie zum Sehenwollen trieben.

Und so brachen sie auf und setzten sich damit an die Spitze des Zuges nach Bethlehem, der nun nicht mehr abreißen sollte und der alle die umfaßte, die auch unruhig geworden waren durch das Wort des Boten, das in ihr Herz gefallen war und sie bewegte zum „Sehen und Schmecken" des Herrn.

Entschlossen brachen sie auf

„Und sie gingen eilends hin." Entschlossen brachen sie auf. Nichts konnte sie mehr zurückhalten. Wahrscheinlich hatten sie gar nicht alles verstanden, was der Engel ihnen gesagt hatte. Aber sie wollten nicht warten, bis ihnen alles klargeworden war.

Der Glaube ist keine ewige Diskussion. Er kann nicht warten, bis er alles versteht. Der Glaube kann erst wirklich verstehen, wenn er aufbricht zum Sehen und Anbeten.

Wahrscheinlich hat ihnen die Botschaft des

Engels, soweit sie sie begriffen haben, auch sehr seltsam geklungen. Der Weltheiland geboren – klingt das nicht fast wie ein heidnischer Mythos? Der Messias und Herr ein Kind, das in einem Stall in der Krippe liegt, ist das nicht Hirtenpoesie, mit der sie, die Hirten, am allerwenigsten anfangen konnten, die, wenn man sie ernst nimmt, unsinnig ist? Gott als Kind geboren, Gott Mensch geworden? Kann man das ernst nehmen? Und sollen Männer denn im Ernst ein Kind anbeten?

Aber der Herr hatte es durch seinen Engel gesagt. Und so nahmen sie Herz und Verstand zusammen, hielten sich an dieses Wort und brachen nach Bethlehem auf.

Doch da war noch etwas. Was sollte mit ihren Herden werden? Nun, Gott wird sie weiden. Wenn Gott will, wird er sie ihnen morgen unversehrt zurückgeben. Und sollte sie der Wolf zerstreuen, so wird es da jetzt auch einen Ausweg geben, nachdem der geboren ist, der vor reißenderen Ungeheuern bewahrt. Nichts hält die Hirten zurück, auch nicht Besitz, auch nicht eine irdische Pflicht. Nichts hindert sie, zu Gottes Wunder zu eilen. Vom Licht seiner tröstlichen Nähe getroffen und seine Zusage und stille Weisung im Ohr, lassen sie Gott nicht warten.

Sie wissen, Gott hat sich für uns entschieden und wird sein Angebot nicht mehr zurücknehmen. Aber sie wissen auch, daß jede Stunde der Verzögerung nun ein Risiko auf Leben und Tod ist. Denn das Kind in Bethlehem kann ja mit seinen Eltern fortziehen, und wenn sie dann morgen kommen, ist am Ende die Krippe leer. Denn auch Gott hat seine Zeit. Und so „gingen sie eilends hin", die Freude nicht zu versäumen, die ihr Heil ist.

Und viele eilten ihnen nach, auf vielen Wegen dieser Erde. Alle, die bereit und entschlossen waren, Gott nun nicht mehr warten zu lassen, und die das Wort die einzige Kunst gelehrt hatte, die man auf alle Fälle lernen muß: von dem Seinen und von sich absehen zu können und zu Gott nach vorne zu eilen. „Und sie fanden das Kind", wie es denn ein jeder findet, der wirklich aufbricht und es „eilends" sucht.

Sie fanden das Kind in der Krippe

Nun muß das Lob der Hirten von neuem ansetzen. Denn nun werden sie, wie das Evangelium berichtet, auch angesichts des Kindes nicht kleingläubig oder gar ungläubig. Nein, ihr Glaube wurde beim Anblick des Kindes er-

füllt und öffnete ihren Mund. „Nachdem sie
es gesehen hatten, erzählten sie, was ihnen
von diesem Kind gesagt war."
Es war so, wie der Engel gesagt hatte. Das
Kind lag in der Krippe. Aber freilich, niemand
sah ihm an, daß es Gottes Sohn war. Und
wenn die Hirten bei ihrer Wanderung durch
die Nacht vielleicht erwogen hatten, ob nicht
ein wenig Glanz der Engel sichtbar auf dem
Kindlein ruhte, wenn sie vielleicht gehofft hatten, das Wort des Engels sei doch wohl nicht
so wörtlich zu nehmen, daß das Zeichen
nichts anderes sei als das Kind in der Krippe,
so sahen sie jetzt, als sie in Bethlehem ange-
langt waren: das Wort des Engels ist wörtlich
zu nehmen. Mit den irdischen Augen gesehen, ist da nichts anderes als – ein Kind in der
Krippe. Nur mit den Augen des Glaubens ist
da alles, was später die frommen Maler mal-
ten: der Glanz Gottes, der aus ihm strahlte,
und die Lieblichkeit, die allen menschlichen
Liebreiz übersteigt.
Als die Hirten zu dem Kind traten, da schwang
sich ihr Glaube gleichsam empor, und ihre
Augen, voll Licht noch des Engels, und ihr
Ohr, erfüllt noch vom Schall seines Wortes,
erkennen hier, „was kein Auge gesehen und
kein Ohr gehört hat, was in keines Menschen

Herz gedrungen, was Gott aber bereitet hat denen, die ihn lieben". Sie erkennen in dem armen, frierenden Kind in der Krippe den Herrn und Erretter der Welt und beten ihn an.

Verborgen in das Dunkel ist sein Glanz, verhüllt in die Schwachheit ist seine Macht. Aber die Hirten sehen im Glauben in das Verborgene und durch die Hülle hindurch. Sie sehen, dieses Dunkel ist Licht, und diese Ohnmacht ist Kraft, und dieses Kind ist Gott.

Und dieser Stall in der Höhle ist nun der Anfang der neuen Welt, und sie, die Hirten, die da hergelaufen waren von ihren Herden weg durch das Dunkel der Nacht, Augen und Ohren aber voll Gottes Wort und Scheinen, sie sind nun die ersten Priester, die anbeten im Geist und in der Wahrheit, und können nun auch die ersten Prediger sein, die das Kind als den Herrn verkünden.

Und so fangen sie an, das bekanntzumachen, was ihnen über das Kind gesagt war. Das war gewiß die längste Rede ihres Lebens. Aber das Kind öffnete ihnen den Mund. Gewiß haben sie vor dieser Nacht kaum etwas Bedeutsames gesagt. Aber jetzt reden sie Engelsworte, sagen sie Gottes Wort. Gewiß hat früher das, was sie sagten, kaum jemand berührt. Aber jetzt verkünden sie so, daß alle staunten, ja daß Maria ihren Worten lauschte, die doch selbst schon Engelsworte gehört, daß Maria der Hirten Worte im Schrein ihres Herzens bewahrte.

O Macht des aufgebrochenen und eilenden Glaubens, der da sieht, wo nichts zu sehen ist als das, was ihm widerspricht, Glaube Abrahams und nun der Hirten! O Macht des Glaubens, der da verschwiegenen Männern den Mund öffnet, daß sie Unerhörtes sagen!

Gott ist jetzt bei uns

Die Hirten kehrten zurück. Sie wären wohl gern noch bei dem Kind geblieben. Aber nun haben sie ja wirklich gesehen, was der Engel ihnen verheißen hatte, und auch gesagt, was er zu ihnen gesprochen.

Dies Hirtenamt ist aus. Nun kehren sie wieder zu ihren Herden zurück. Ihnen ist ja nicht die Pflege des Kindleins anvertraut, nur sein Gedächtnis. Und so wandern sie wieder zu den Tälern und Hügeln, wo ihre Schafe weiden.

Aber sie kommen anders zurück, als sie gegangen waren. „Die Hirten kehrten zurück und lobten und priesen Gott für alles, was sie gehört und gesehen hatten, so wie es ihnen

Als die Eltern Jesus (in den Tempel) hereinbrachten, um zu erfüllen, was das Gesetz verlangte, nahm Simeon das Kind in seine Arme und pries Gott mit den Worten: „Nun läßt du, Herr, deinen Knecht, wie du gesagt hast, in Frieden scheiden. Denn meine Augen haben das Heil gesehen, das du vor allen Völkern bereitet hast."   Lukasevangelium 2, 27–31

Darstellung Jesu im Tempel. Altartafelbild von Fra Angelico, Ausschnitt aus der Predella, um 1433, bekannt als „Pala di Cortona". Cortona, Museo Diocesano.

gesagt worden war." Sie sind nicht mehr die-
selben, und auch die Welt ist nicht mehr die-
selbe wie vor ein paar Stunden. Gott ist jetzt
bei ihnen. Und wenn ihm die Menschen bei
sich keinen menschlichen Raum gönnen,
wenn sie ihm nur den schmalen Raum gönnen
werden zwischen den vier Nägeln am Kreuz:
er sucht keinen anderen Raum, ihm genügt er.
Denn von hier aus macht er die Krippe zum
heilsamen Raum der Welt und das Kreuz zur
Stätte der Versöhnung, die die Welt in den
Frieden nimmt.

Das haben die Hirten gesehen, als sie das
Kind, Gottes Sohn, in der Krippe liegen fanden. Das haben sie in ihr Herz aufgenommen
und loben und danken Gott dafür. Nun ruft
sie ihre ganze Welt, die Schafe und ihre
Weide, das Feuer im Feld des Nachts und am
Tag ihr einfaches Geschäft, ununterbrochen
zum Lobpreis Gottes durch das Kind in der
Krippe.

Nun wachen die Hirten wieder bei ihren Herden in der Stille der Nacht. Der Engel wird
nicht mehr zu ihnen treten und sein Glanz
nicht mehr über ihnen erscheinen. Einer nach
dem anderen von ihnen wird abgerufen werden von seiner Herde zu dem Erzhirten. Der
wird sie in dem offenbaren Glanz empfangen,

den sie durch die Dunkelheit der Welt hindurch glaubend am Kind in der Krippe erblickten.

Loben wir die Hirten, loben wir mit ihnen das Kind! Hören wir mit ihnen gehorsam das Engelsevangelium! Eilen wir zum Kind in der Krippe, und beten wir es an! Öffnen wir mit ihnen unseren verschlossenen Mund! Danken wir auch mit ihnen alle Tage Gott, daß er uns „heute" seine Freude bereitet! Feiern wir mit den Hirten das Hirtenamt in der Zeit der Morgenröte dieser Welt, „bis der Tag anbricht und der Morgenstern aufgeht in unseren Herzen".

Anmerkungen

I
Der Stammbaum Jesu

[1] Vgl. z. B. *G. Kittel,* Art. Θαμάρ, in: ThWNT III 1–3. Während Kittel die theologische Sinngebung der vier Frauengestalten ganz im Sinn der Gnade als Rechtfertigung des Sünders faßt, ist bei *E. Schweizer,* Das Evangelium nach Matthäus (NTD 2, Göttingen ³1981) S. 9 der meines Erachtens entscheidende Gesichtspunkt richtig gesehen – daß hier die Kirche aus Juden und Heiden vorgeprägt gezeigt werden soll. Auch so kündet der Stammbaum „Gnade" als das zentrale Thema des Evangeliums an; nur ist der Gnadengedanke weiträumiger, in seiner ganzen weltgeschichtlichen und ekklesialen Dimension gefaßt.

[2] Die Homilie wurde am 17. Dezember gehalten. Die Oration geht vom Glaubensbekenntnis zur Inkarnation des Logos in Christus aus der Jungfrau Maria aus, faßt so den wesentlichen theologischen Inhalt des Stammbaum-Evangeliums zusammen und wendet ihn in die Bitte: Dein Sohn, der unsere menschliche Natur angenommen hat, schenke uns Anteil an seinem göttlichen Leben.

II
Der Baum des Lebens

[1] Vgl. *J. Ratzinger,* Konsequenzen des Schöpfungsglaubens. Salzburger Universitätsreden Heft 68 (1980) 12 f und 16 ff.

III
Der neue Stern

[1] Vgl. *H. J. Brandt,* Elisabeth von Thüringen (Edition Werry 1981) S. 50.

[2] Ebd.

IV

„Und das Licht leuchtete in der Finsternis"

[1] Zum Zusammenhang zwischen Weihnachten und jüdischem Tempelweih(Chanukka-)fest vgl. *Bo Reicke,* Jahresfeier und Zeitenwende im Judentum und Christentum der Antike, in: Theologische Quartalschrift 150 (1970) 321–334.

[2] Vgl. *Bo Reicke,* a.a.O. 330f.

[3] Sticharion von Weihnachten, zitiert nach *P. Evdokimov,* L'art de l'icone. Théologie de la beauté (Tournai 1970) 236.

[4] Eine faszinierende Deutung der weit ausgreifenden Theologie der Weihnachtsikone bietet *Evdokimov,* a.a.O. 225–238.

[5] Ebd. 236f.

V

Lob der Hirten

Erstmals veröffentlicht in: Wort und Wahrheit 9 (1954) 891–894 (dort unter dem Titel: Zum Lob der Hirten), danach in: *H. Schlier,* Gotteswort in Menschenmund, hrsg. von V. Kubina und K. Lehmann (Freiburg i. Br. 1982) 10–26.

Für die Überlassung der Bildvorlagen dankt der Verlag Herrn Helmuth Nils Loose und Roto Smeets, Weert.